全国职业院校烹饪专业教材

餐饮业经营与管理习题册

赵子余　主编

中国劳动社会保障出版社

简 介

本书为全国职业院校烹饪专业教材《餐饮业经营与管理》的配套习题册。本书题型设计多样，包括填空题、判断题、选择题、名词解释、简答题、综合题等，力求充分体现教材的重点和难点，反映实际工作中将接触的具体问题，使学生能够掌握有关知识和原理，并具有解决实际问题的能力。

本书由赵子余主编。

图书在版编目（CIP）数据

餐饮业经营与管理习题册 / 赵子余主编 . -- 北京：中国劳动社会保障出版社，2021.12

全国职业院校烹饪专业教材

ISBN 978-7-5167-5176-3

Ⅰ. ①餐… Ⅱ. ①赵… Ⅲ. ①饮食业 - 经营管理 - 中等专业学校 - 习题集 Ⅳ. ①F719.3-44

中国版本图书馆 CIP 数据核字（2021）第 232533 号

中国劳动社会保障出版社出版发行

（北京市惠新东街 1 号 邮政编码：100029）

*

涿州市星河印刷有限公司印刷装订 新华书店经销

787 毫米 × 1092 毫米 16 开本 2 印张 36 千字

2021 年 12 月第 1 版 2025 年12月第 6 次印刷

定价：6.00 元

营销中心电话：400-606-6496

出版社网址：http://www.class.com.cn

http://jg.class.com.cn

目　录

第一章　餐饮业经营管理概述

一、填空题（将正确答案填在横线空白处）

1. 餐饮产品的基本特征包括消费性、________、________、多功能性和________。

2. 可供餐饮经营者选择的主流经营管理模式包括以____________为中心的经营管理模式、以________为目标的经营管理模式和以____________为核心的经营管理模式。

3. 食品外卖式包括两种形式：一种是____________，即餐饮企业在接到顾客订单后，将食品和服务按时送到顾客指定地点的一种餐饮服务方式；另一种是____________，即为店外过往顾客提供预先烹制好的食品或半成品。

4. 餐饮企业经营风险可分为内部风险和____________。

5. 餐饮经营的趋势为特色化经营、________________、________________和多元化经营。

6. 餐饮消费市场的基本特征包括________________、________________、零散性消费和________________。

7. 制定餐饮经营管理目标的原则有________________、一致性原则、可行性原则、激励性原则、________________和________________。

8. 以收入为目标的经营管理模式有______________、配送中心式、______________、承办宴席式、休闲经营式和______________。

9. ____________控制的状况将会直接影响企业经济效益目标。

10. 餐饮市场已从以价格选择为主向价格、品位、气氛、服务、品牌、文化等方向转变，________和________消费特点明显增强。

11. 一致性原则中，____________、中间目标和具体目标要协调一致、相互衔接，形成规划目标的统一体系，实现总体运行的良性循环。

12. 可行性原则中，制定________________时，要对餐饮企业的现有条件、环境进行________________，要保证目标能够如期完成，不能不顾客观条件把目标定得过高，经营管理目标要有________。

13. 企业为了在竞争中生存和发展，要充分利用____________获取经济效益，提高____________。

14. 员工形象即员工的服务态度、__________、精神风貌和仪容、仪表等给顾客的整体印象。

15. 餐饮企业的规模不同，人员________的配置就不同；餐饮企业的类型不同，餐厅人员的________就不同；餐饮企业的________不同，对人员素质的要求也不同。

二、判断题（正确的在题后括号内打“√”，错误的打“×”）

1. 定量化原则主要是指经营管理目标要定量化，以便于考核和衡量。（　　）

2. 发展性原则是指企业的经营目标应随着企业内外部条件的发展变化进行及时调整，以适应新的形势要求。（　　）

3. 人力成本控制不是餐饮企业效益目标中较为重要的内容。（　　）

4. 食品外卖式的最大特点是既能充分利用餐饮企业现有的设备设施，又不占用餐厅经营空间，同时还能错开营业高峰时间。（　　）

5. 良好的企业形象从根本上说是建立在提供优质的产品和服务的基础上的，能够反映产品品质、服务水准等有形与无形的内涵。（　　）

6. 公关形象即餐饮企业提供的餐饮产品的色、香、味、形、质以及卫生、环境、文化等给人的整体印象。（　　）

7. 有形风险也称“硬风险”，这种风险造成的损失无法计算。（　　）

8. 餐饮企业是一个实体，是一个集设计与运作于一体的系统，包括生产系统、服务系统、操作系统等。（　　）

9. 我国已制定了餐饮业职业经理人标准。（　　）

10. 餐饮业经营者将通过电子信息的应用、服务软件的增强等，使餐饮服务层次提升到个性化服务，这将成为市场竞争的核心策略之一。（　　）

三、选择题（将正确答案的字母填在括号内）

1. 以成本控制为核心的经营管理主要控制（　　）。

A. 原料成本　B. 人力成本　C. 管理成本　D. 运输成本

2. 以收入为目标的经营管理模式有（　　）。

A. 食品外卖式　B. 配送中心式　C. 技术输出式　D. 休闲经营式

3. 餐饮企业形象具体包括（　　）。

A. 产品形象　B. 员工形象　C. 公关形象　D. 社会形象

4. 为了实现餐饮企业的经营目标，需要进行合理的（　　）。

A. 人力资源配置　B. 财力资源配置　C. 物质资源配置　D. 信息资源配置

5. 经营管理风险的补救手段包括（　　）。

A. 参加保险　B. 多元化经营　C. 运用企业形象　D. 诉诸法律

6. 餐饮管理的发展趋势包括（　　）。

A. 强化品质管理　B. 规范操作管理　C. 信息资源管理　D. 企业文化管理

7. 新型餐饮企业的经营管理包括（　　）。

A. 顾客关系管理　B. 经营体制管理　C. 经营效率管理　D. 合作伙伴管理

8. 公关形象即餐饮企业与（　　）、同行业等建立一个符合社会整体利益、大众乐于接受的印象。

A. 地方政府　B. 大众媒体　C. 社区　D. 公众

四、名词解释

1. 经营风险

2. 产品形象

3. 空间性风险

五、简答题

1. 餐饮业经营的基本特征是什么？

2. 餐饮产品的可组合性体现在哪三个层次？

六、综合题

1. 结合现今餐饮市场现状，试述餐饮业经营中存在的问题。

2. 结合现今餐饮市场现状，试述今后餐饮业经营的发展趋势。

第二章　餐饮业经营类型

一、填空题（将正确答案填在横线空白处）

1. 普通大众型餐饮企业的特点是________________，________________，经营档次以中低档为主，面向大众经营。

2. 酒吧经营时间一般是从________________，个别的甚至营业到清晨，是人们夜生活的主要场所之一。

3. ________________为顾客提供特别的环境氛围和文化感受，满足顾客对餐饮产品更高层次的需求，价格一般比普通大众型餐厅要________。

4. 酒吧以________作为招徕顾客的手段，以____________作为盈利的基础。

5. 主题型餐厅具有丰富的____________和____________。

6. 快餐型餐饮企业以标准________、标准________的形式提供快速餐饮服务。

7. 超市型餐饮是借鉴零售业中超市的布局原理，采用____________、____________等方式，结合餐饮企业经营特点改良而成的一种独特的经营方式。

8. 外卖式快餐是在人们工作强度、生活节奏加快的情况下产生的，它以________、________的特点吸引了广大顾客。

9. 休闲型餐饮是____________与____________相结合的一种餐饮经营方式。

10. 餐吧型餐饮是________与________相结合的一种餐饮经营方式。

二、判断题（正确的在题后括号内打"√"，错误的打"×"）

1. 酒吧是以某一主题休闲娱乐项目为依托进行经营的。（　　）

2. 普通大众型餐饮企业在餐饮业享有很高的声誉，其餐具高档、设施设备昂贵、装饰装修高雅、外部景观豪华，有一流的厨师制作精美的菜品，有经验丰富的专业服务员提供周到细致的服务。（　　）

3. 风味型餐厅可分为三类：一是经营风味菜系，二是经营风味菜品，三是经营地方或民族风味小吃。（　　）

4. 主题型餐厅的客源市场主要是追求某种情调或感受某种文化氛围的顾客。（　　）

5. 主题型餐厅要具有明显的地域性，强调菜品的正宗、地道。 （ ）

6. 风味型餐厅可以使顾客在用餐过程中感受到周围情调和风景。 （ ）

7. 主题型餐厅的经营具有利润低、风险小的特点。 （ ）

8. 鸡尾酒会强调厨房和餐厅间的配合与协调。 （ ）

9. 快餐型餐饮多采用挂牌式的菜单，简单明了，菜品也很丰富。 （ ）

10. 点菜式自助型餐饮有印制好的菜单。 （ ）

11. 火锅式自助型餐饮是将传统火锅与自助餐相结合，由顾客自己选料，利用现代餐饮设备、器具自己煮、涮、烤的一种经营方式。 （ ）

12.电话、网络订餐式餐饮是指顾客在家中、单位或其他地方，因工作繁忙等各种原因不能到餐厅就餐，可以通过电话、网络预订，由餐厅送餐上门。 （ ）

13. 餐吧经营的菜品以中餐为主，兼营西餐，饮料比较齐全，既有佐餐用的酒水如葡萄酒等，又有满足人们休闲需求的饮品如咖啡、茶、鸡尾酒等。 （ ）

14. 餐饮企业具有不同类型的餐饮经营形式。 （ ）

15. 公司午餐式餐饮是指顾客在餐厅点餐后，将餐品带出餐厅消费的模式。这种经营方式不但节省了顾客的时间，而且不占用餐厅的座位，有利于座位的周转。 （ ）

16. 酒吧投资大、收益少。 （ ）

17. 点菜式自助型餐饮装潢讲究实用。 （ ）

18. 快餐型餐饮中新菜品不易被顾客接受。 （ ）

19. 零点外卖式餐厅为固定的单位制作午餐并按时送到指定地点。 （ ）

20. 鸡尾酒会多与大型宴会相伴，一般在宴会开始前举行，也有在记者招待会、新闻发布会、签字仪式等活动结束后单独举办的。 （ ）

三、选择题（将正确答案的字母填在括号内）

1. 点菜式自助型餐饮中，顾客可自由取用（ ）。

A. 咖啡　　B. 餐具　　C. 餐巾　　D. 糖块

2. 火锅式自助型餐饮的主要特点是（ ）。

A. 原料自选　　B. 自行烹制　　C. 便于社交　　D. 当场称重

3. 一般餐饮超市分为（ ）。

A. 选食区　　B. 食街区　　C. 操作区　　D. 就餐区

4. 创新餐饮业经营类型包括（ ）。

A. 外卖型　　B. 餐吧型　　C. 无店铺型　　D. 休闲型

5. 超市型餐饮企业在经营管理上应朝（ ）方向发展。

A. 标准化　　B. 专业化　　C. 科学化　　D. 智能化

6. 超市型餐饮打破传统前堂后灶的经营布局，采用厨房透明化或开放式布置，强化了厨师和服务员的卫生意识，使顾客对（　　）一目了然。

A. 厨师　　B. 炊具　　C. 炉火　　D. 烹制过程

7. 外卖型餐饮的类型包括（　　）。

A. 电话、网络订餐式　　B. 零点外卖式

C. 公司午餐式　　D. 普通自助式

8. 外卖型餐饮的优点包括（　　）。

A. 方便顾客　　B. 避开高峰　　C. 提高效益　　D. 营造就餐氛围

9. 休闲型餐饮为餐饮企业赋予的新功能包括（　　），给餐饮经营者带来了丰厚的利润。

A. 社交功能　　B. 商业功能　　C. 交流功能　　D. 休闲功能

10. 无店铺型餐饮企业不用（　　），节省了开支，降低了成本。

A. 店堂　　B. 餐位　　C. 服务人员　　D. 厨师

11. 主题餐厅的（　　）等应与其主题保持统一。

A. 菜品　　B. 服务　　C. 人员服装服饰　　D. 装饰装修

四、名词解释

1. 自助餐

2. 风味型餐饮企业

3. 酒吧

4. 外卖型餐饮

五、简答题

1. 传统餐饮业经营类型有哪些？

2. 酒吧型餐饮企业的基本特征和经营特色是什么？

3. 风味型餐饮企业的基本特征是什么？

4. 快餐店的基本特征体现在哪几个方面？

5. 无店铺型餐饮形式的优势主要体现为哪几点？

六、综合题

休闲餐饮形式的迅速发展说明了什么？

第三章　餐饮业经营策划

一、填空题（将正确答案填在横线空白处）

1. 餐饮市场一般根据________、青年、________、________等标准进行划分。

2. ________、咖啡屋等特殊类型的餐饮企业一般可以根据性别特征确定目标市场。

3. 受教育程度不同的顾客在________、生活方式、____________、价值观念等方面都会表现出一定的差异，从而影响到他们的餐饮消费行为和消费习惯。

4. 餐饮企业以___________为标准来划分市场，根据不同消费群体的生活方式、个性及所处的社会阶层，有针对性地改善餐厅_______，提高菜品质量，就显得更为重要。

5. 企业可以针对各个划分市场的具体情况，制定与其相适应的___________，有的放矢地开展营销活动，以满足不同划分市场的需要。

6. 目标市场应有一定的需求规模，包括现实需求规模和_______________。

7. 企业实力主要包括___________、___________、销售能力等。

8. 根据消费数量，餐饮消费群体可分为________、会议客、散客等。

9. 多样化经营可以有两种主要的形式，即相关多样化经营和_______________。

10. 企业实行纵向式经营可以有两种途径：其一是从___________发展，逐步扩大生产经营规模；其二是________或________一批企业。

11. 餐饮企业的_______在某种程度上总要受到_______________和现有实力的限制，所以餐饮企业经营者应相应地确定其战略实施步骤。

12. 采用纵向式经营的企业需要对本企业各个生产阶段的___________进行综合平衡。

13. 实行纵向式经营要与企业的_______________和经营目标相适应。

14. 餐饮企业________具有重要作用，它代表着一家餐饮企业的________。

15. 餐饮企业应选择在交通便利的________、经济区、文化区，要尽可能设置规模相当的________，方便顾客来往。

二、判断题（正确的在题后括号内打“√”，错误的打“×”）

1. 年龄是餐饮市场划分中最常用的标准。（　　）

2. 顾客的职业不同会引起消费差异。这种差异，部分原因在于从事不同职业的人所获收入的不同，但相当一部分差异却是由职业特点引起的。（　　）

3. 收入水平的高低不一定决定消费需求的高低，也不一定决定消费层次的高低。（　　）

4. 通过市场划分，餐饮企业不仅可以了解市场的整体情况，还可以较具体地了解每一划分市场的实际购买量、潜在需求量等，从中分析市场需求的满足程度。（　　）

5. 男性顾客在消费行为和消费动机等方面与女性顾客基本相同。（　　）

6. 为扩大影响、创出特色，一般的餐饮企业宜采用无差异性策略。（　　）

7. 顾客消费的意愿关系到菜品及其他成本投入以及餐饮企业制定价格的策略。（　　）

8. 相对于其他行业，餐饮企业需要的投资多，生产技术复杂，菜品的可替代性弱。（　　）

9. 受教育程度高的顾客对餐饮消费的卫生条件、环境布置的要求比较高。（　　）

10. 经过市场划分，餐饮企业可根据自身优势和各个不同划分市场的需求特点，调整产品种类和生产经营规模，使企业的有限资金和物质资源集中到适销对路产品的生产经营上去，发挥其最大的经济效用。（　　）

11. 纵向式经营方式实际上就是扩大单一经营业务的经营范围。（　　）

12. 餐饮企业采取单一化经营方式主要是从利润、质量角度来考虑，可以获得低成本优势和高质量原材料。（　　）

13. 餐饮企业一般是在其经济实力相当雄厚、市场地位巩固、品牌具有一定社会吸引力时开展非相关多元化经营。（　　）

14. 餐饮企业经营的关键因素之一是经营成本。（　　）

三、选择题（将正确答案的字母填在括号内）

1. 餐饮目标市场划分的标准包括（　　）。

A. 人口学因素　　B. 社会经济因素　　C. 生活方式　　D. 其他因素

2. 只有当划分市场与企业（　　）等主观条件相适应时，才能作为企业的目标市场。

A. 人力　　B. 物力　　C. 财力　　D. 经营管理水平

3. 根据顾客消费频率和对企业的信赖忠实程度，可将餐饮消费群体分为（　　）。

A. 常客　　B. 一般客　　C. 新客　　D. 团体客

4. 家庭结构直接影响家庭负担及家庭消费行为，餐饮市场一般更加注重满足（　　）的消费需求。

A. 单身族　　B. 丁克族　　C. 三口之家　　D. 普通家庭

5. 客源结构一般包括（　　）、家庭规模、教育水平、性别结构、宗教信仰等。

A. 年龄结构　　B. 职业特征　　C. 收入水平　　D. 婚姻状况

6. 餐饮企业经营类型包括（　　）。

A. 单一化经营　　B. 纵向式经营　　C. 多样化经营　　D. 横向式经营

7. 一个地区餐饮企业的竞争状况可分为（　　）。

A. 直接竞争　　B. 间接竞争　　C. 非直接竞争　　D. 隐性竞争

8. 餐饮企业所在地区的（　　）是选择投资区域应考虑的因素。

A. 税收政策　　B. 税收比例　　C. 税收额度　　D. 征税部门

9. 餐饮企业在选择经营地点时必须考虑社区服务的（　　）。

A. 设施　　B. 费用　　C. 质量　　D. 人员数量

10.（　　）的多少与工资、奖金、福利以及人事开销（如培训费等）直接相关。

A. 管理人员　　B. 专业人员　　C. 服务人员　　D. 保洁人员

11. 一般餐饮企业实行三级管理，即（　　）。

A. 总经理管理　　B. 部门经理管理　　C. 基层经理管理　　D. 后勤经理管理

12. 实行单一化经营的餐饮企业，如独立经营的（　　）等，其组织结构较简单，职责较明确。

A. 酒吧　　B. 啤酒屋　　C. 快餐厅　　D. 大型餐饮企业

13. 确定餐饮管理组织结构规模的主要依据有（　　）。

A. 餐饮类型　　B. 接待能力　　C. 专业化程度　　D. 现代化程度

14. 餐饮管理中的（　　）、人事劳动等管理工作应由企业职能管理部门承担。

A. 工程　　B. 财务　　C. 安全　　D. 培训

15. 在餐饮经营中，员工上班一般执行两班制，即（　　）。24 小时营业餐厅则实行三班制，必然增加员工数量。

A. 早班　　B. 晚班　　C. 中班　　D. 夜班

四、名词解释

1. 目标市场

2. 单一化经营

五、简答题

1. 目标市场划分的作用主要体现在哪几个方面？

2. 对竞争对手的调查研究包括哪些内容？

3. 餐饮市场行情调查研究包括哪些方面？

4. 简述目标市场原则的具体内容。

5. 单一化经营的优势是什么？

6. 纵向式经营应注意哪些问题？

六、综合题

1. 餐饮企业如何确定目标客源？

2. 餐饮企业如何根据自身的综合条件确定经营范围？

3. 豪华餐饮企业为什么要强调提供一流的厨师和服务人员？

第四章 厨房管理

一、填空题（将正确答案填在横线空白处）

1. ________是餐饮企业中加工、生产实物性产品的生产部门。

2. 厨房是餐饮企业良好形象的________。

3. 对餐饮企业菜品质量（色、香、味、质、形、器、养等）的认可，关键在于________。

4. 厨房是________服务成功的强有力后盾。

5. 餐饮企业利润的主要来源之一是厨房生产的________的销售收入。

6. 按照________________不同，厨房可分为零点厨房和宴会厨房。

7. 厨房的生产是厨师的________________过程，同时又是烹饪艺术构思创作过程。

8. 厨房产品的特殊性主要表现在产品规格________、生产量________，以及产品销售的________等方面。

9. 加强____________是餐饮企业获得效益的根本措施。

10. ____________是衡量和评估每个人工作的依据，是工作中进行相互沟通协调的依据，是选择岗位人员的依据。

11. 做好厨房管理的方法之一就是采用________手段，调动厨房员工的________，把员工潜在的工作能力充分发挥出来。

12. 厨房组织结构体现了餐饮企业的____________，厨房应在餐饮企业总的管理思想指导下，按照机构设置原则设置____________。

13. 归纳起来，厨房可由____________、配菜班组、炉灶班组、冷菜班组、____________这五大班组组成。

14. 协助厨师长制作菜单，带领员工按规定烹调，与切配领班密切合作，保证生产有序，出品及时、优质是________________的岗位职责和人员素质要求。

15. 接触食物的部件必须由不发生________________的材料制成。

16. 对复杂设备，应在显眼处标明________________和注意事项。

17. ____________是对烹饪材料进行加热或熟制等处理的设备，根据其使用能源不同，可分为燃料设备和____________。

18. 厨房照明应达到____________的要求，光线不能太强，也不能太弱。

19. 不同餐饮企业厨房的高度也不同。多数大型、较大型餐饮企业厨房的高度能够达到____________米。

20. 厨房的位置一般是根据整个餐饮企业建筑的位置、________、________等进行设计和选定的。

二、判断题（正确的在题后括号内打“√”，错误的打“×”）

1. 厨房是餐饮企业利润的主要获取者。（　　）

2. 按照生产产品的特点不同，厨房可分为小型厨房、中型厨房和大型厨房。（　　）

3. 按照生产规模不同，厨房可分为中餐厨房、西餐厨房、凉菜厨房、热菜厨房、面点厨房、西点厨房等。（　　）

4. 岗位工作制是实现厨房工作高效率的保证，应成为厨房生产管理的全面章法。（　　）

5. 如果管理人员能利用有效的激励手段，就可使被管理者付出全部能力的80%～90%。（　　）

6. 中型厨房也可以采取大型厨房组织形式，设有若干个分厨房和中心厨房，只是厨房的规模较大、岗位较少。（　　）

7. 厨房人员配置以超负荷生产为中心原则。（　　）

8. 加工班组主要负责菜品原料的拣择、清洗、加工、切割，是为配菜打基础的环节，对厨房生产成本控制作用不大。（　　）

9. 根据不同季节和重大节日，组织特色食品，推出过节菜品是分厨房厨师长的岗位职责和人员素质要求。（　　）

10. 保证原料营养成分，保持加工材料的原始色、香、味、形是厨师长的岗位职责和人员素质要求。（　　）

11. 厨房的结构与分类应与厨房的生产经营特色相吻合。（　　）

12. 在设计厨房时，不用考虑所有作业点和设备的分布与厨房加工生产的次序相吻合。（　　）

13.L 形布局一般应用在面点生产间、西饼屋和小型厨房。（　　）

14. 厨房的配套设施主要是指通风设施、照明设施、控温设施、降噪设施、冷热水供应设施、排水设施等。（　　）

15. 国家要求厨房设备必须符合有关标准，但不一定进行有关设备毒性试验。（　　）

16. 厨房设备选购的好与坏和厨房的生产没有什么关系。 （ ）

17. 热的食品不用待其冷却，可随时放入冰箱或冷库内。 （ ）

18. 对新上岗的人员应进行设备知识培训和安全教育，以免违章操作而发生事故。 （ ）

三、选择题（将正确答案的字母填在括号内）

1. 餐饮企业经营的目的非常明显，就是用（ ）的成本获取最大的利润。

A. 最大 B. 一般 C. 低廉 D. 最低

2. 不论是时令原料抢先应市，还是时令原料设法推销，都会使厨房的日常生产量（ ）。

A. 骤然增加 B. 骤然减少 C. 不变 D. 缓慢减少

3. 一个厨房的管理如何，关键在（ ）。

A. 厨师 B. 厨师长 C. 经理 D. 董事长

4. 一名管理人员的管理跨度以（ ）人为宜。

A. 2 ~ 5 B. 4 ~ 6 C. 5 ~ 7 D. 3 ~ 6

5. 中型厨房通常由餐饮部副经理或（ ）负责整个厨房系统的生产运行。

A. 厨师长 B. 厨师 C. 总经理 D. 总厨师长

6. 面点班组负责制作饭、（ ）、面食、糕点食品。

A. 菜肴 B. 冷盘 C. 西餐 D. 粥

7. 大型厨房设（ ），负责指挥整个厨房系统的生产运行。

A. 领班 B. 总厨师长（行政总厨）

C. 客房部经理 D. 厨师长

8. 负责当天餐具的准备工作，并负责菜肴装盘美化的是（ ）岗位。

A. 打荷 B. 配菜 C. 冷菜拼摆 D. 面点制作

9. 厨房的生产、加工应集中安排在同一楼层、同一区域内，这样可（ ）成品的运输距离。

A. 延长 B. 固定 C. 增加 D. 缩短

四、名词解释

1. 厨房

2. 激励工作法

3. 管理跨度

4. 厨房装修

5. 厨房设备

五、简答题

1. 厨房是如何分类的？厨房生产有哪些特点？

2. 厨房管理的方法有哪些？简要叙述其内容。

3. 厨房组织结构设立的原则是什么？

4. 厨房设计的一般程序是什么？

5. 厨房的位置选定一般有哪些情况？

6. 厨房设备管理的措施有哪些？

六、综合题

调查学校周围的一家餐饮企业，了解并简述该企业进行厨房管理的方法和厨房生产的特点，你认为该企业的厨房设计是否合理？为什么？

第五章 餐厅管理

一、填空题（将正确答案填在横线空白处）

1. 餐厅主题是餐厅经营风格和__________的集中反映。

2. 餐厅营业空间可划分为__________、餐厅工作人员空间、__________三部分。

3. 对餐厅空间的处理应分清主次、__________。在处理人与物的关系时，应__________；在处理人与人及物与物的关系时，要注意__________。

4. 餐厅的餐桌、餐椅配置与安排应根据餐厅的档次、________及__________确定，考虑适用、协调、统一的原则。

5. 餐桌、餐椅的布置形式有集中式、________、纵式、________、__________等。

6. 一般而言，餐厅中顾客的动线采用________，避免__________。

7. 餐厅中服务人员的动线长度对工作效率有直接影响，原则上__________。

8. 餐厅环境色彩设计必须考虑色彩与__________的关系。

9. 科学设置餐厅__________是实现餐饮目标的重要保障。

10. 餐厅经理的直属领导是餐饮部副经理或__________。

11. 餐厅管理的内容包括__________和__________。

12. 经营人员首先需要确定衡量经营实绩的各种标准，包括__________、数量标准、__________、程序标准和__________。

13. 销售史资料编排的方法包括按经营期编排、__________和__________。

14. __________要指导餐厅经理加强对中餐厅的管理，促使相关人员能明确中餐厅的管理特点。

15. 餐厅经理应从国内西餐厅__________出发，采取积极措施，对西餐厅加强管理。

二、判断题（正确的在题后括号内打“√”，错误的打“×”）

1. 餐桌、餐椅的配置应考虑适用、协调、统一的原则。（ ）

2. 顾客动线应以从大门到座位之间的通道畅通无阻为基本要求。（ ）

3. 安排服务人员动线应注意，一个方向的动线不要太集中，尽可能除去不必要的

曲折。 (　　)

4. 一般来说，冷色调容易引起食欲，暖色调则会使人食欲减退。 (　　)

5. 餐厅领班负责对员工进行定期培训，确保餐厅的政策及标准得以贯彻执行。 (　　)

6. 餐厅经理负责重要顾客的引座及送客致谢。 (　　)

7. 进行中餐厅管理时，应根据员工的特点对员工进行工作配置，一般不对新员工实施岗前培训和考核。 (　　)

8. 物资损耗标准是指对各种餐具、容器和棉织品等规定一个最高损耗率。 (　　)

三、选择题（将正确答案的字母填在括号内）

1. (　　) 环境色彩应以明快为基调，以乳白、浅黄等暖色调为宜，给人清新、舒适的感觉。

A. 快餐厅　　B. 西餐厅　　C. 中餐厅　　D. 正餐厅

2. 下列选项中，属于餐厅经理职责的是 (　　)。

A. 根据客情安排好员工的工作班次，并视工作情况及时进行人员调整

B. 督促每一名服务员并以身作则，大力向顾客介绍产品

C. 直接参与现场指挥工作，协助所属员工服务和提出改善意见

D. 指导和监督服务员按要求与规范工作

3. 下列选项中，属于餐厅领班职责的是 (　　)。

A. 递上菜单，并通知区域值台员提供服务

B. 将顾客平均分配到不同的服务区域，以平衡各值台员的工作量，同时保证服务质量

C. 每日了解当日供应品种、缺货品种、推出的特选等，并在餐前会上向所有服务人员通报

D. 营业结束后，带领服务员打扫餐厅卫生，关好电灯、电力设备开关，锁好门窗、货柜

4. 在餐厅入口处礼貌地问候顾客，引领顾客到适当的餐桌，协助拉椅让座是餐厅 (　　) 的职责。

A. 领班　　B. 服务员　　C. 迎宾员　　D. 经理

5. 接受顾客点菜，并保证顾客及时、准确无误地得到出品是餐厅 (　　) 的职责。

A. 领班　　B. 服务员　　C. 迎宾员　　D. 经理

6. 负责将点菜单上的所有菜点按上菜次序准确无误地传送到点菜顾客的值台员处

是餐厅（　　）的职责。

A. 领班　　B. 服务员　　C. 迎宾员　　D. 传菜员

7.（　　）是指日常工作中生产某种产品或从事某项工作应采用的方法、步骤和技巧。

A. 质量标准　　B. 数量标准

C. 成本标准　　D. 程序标准

8. 下列选项中，不属于建立餐厅组织结构的原则的是（　　）。

A. 根据餐厅的经营需要设置，力求精简

B. 组织中的各级机构要职权相当，职责分明

C. 机构的设置要有利于信息的传递和管理效率的提高

D. 审理有关行政文件，签署领货单及申请计划

9. 西餐厅的传统特点是（　　）。

A. 静谧安逸、幽静雅致　　B. 自然

C. 热闹　　D. 古典

10. 中餐厅多采用人工光源，以（　　）为主，而且大多使用暴露光源，使之产生轻度眩光，进一步增加热闹的气氛。

A. 彩色光　　B. 银白色光

C. 白光　　D. 金色和红黄色光

11. 服务台、办公室、服务人员休息室属于（　　）。

A. 公用空间　　B. 餐厅工作人员空间

C. 顾客空间　　D. 私人空间

12. 下列选项中，不属于餐厅设计目的的是（　　）。

A. 促使餐厅生意的成功

B. 使餐厅的产品易于销售

C. 迎合具有餐饮消费习惯的顾客愿意到设计良好、装潢有特点的餐厅消费的心理需求

D. 显示餐厅的经济实力

13. 下列影响餐厅环境布置的因素中，不属于最重要的三项因素的是（　　）。

A. 餐厅的目标顾客　　B. 餐饮企业的资金能力

C. 营业场所的建筑结构　　D. 餐厅所处的地点和位置

14. 在确定餐厅主题的过程中，应考虑的主观条件不包括餐厅的（　　）。

A. 设施设备　　B. 资金财力

C. 技术力量　　D. 客源状况

四、名词解释

1. 餐厅动线

2. 餐厅管理

3. 销售史资料

五、简答题

1. 在餐厅的设计与布局中，应着重考虑的内容有哪些？

2. 建立餐厅组织结构的原则是什么？

3. 简述餐厅服务员的主要岗位职责。

4. 西餐厅应如何进行管理？

六、综合题

调查一家中餐厅或西餐厅的管理体制，撰写一份关于餐厅管理的调查报告。

第六章　菜单设计与制作

一、填空题（将正确答案填在横线空白处）

1. 菜单是________与________之间沟通的桥梁和纽带。

2. 特色菜的推销主要有两大作用：第一，可以对________、名牌菜进行宣传；第二，对________但不太畅销的菜做推销，使它们成为既畅销利润又高的菜品。

3. 一次性菜单主要是指快餐菜单、________、________及一般宴席菜单等。

4. 反复使用的菜单的封面纸张要________，内页相对要________，外壳可选用________，不宜选用________、人造革、绸绢等材料。

5. 中式早餐一般由冷菜（小菜）类、________、点心类、面条或粉类、________等组成。

6. 当前餐厅里使用的早餐套餐可分为三种：________、西式早餐套餐和________。

7. 指定式菜单分为早餐快餐菜单和________。

8. 指定式快餐菜单设计中的注意事项包括________、________和严格核算成本。

9. 菜单________是菜单的“门面”，是顾客最早接触的部分，其设计如何将影响菜单的效果。

10. 有的菜单上会留出空间，用于推荐每日的________和________，增加菜单的新鲜感。

二、判断题（正确的在题后括号内打“√”，错误的打“×”）

1. 菜单栏目名称字号要小一些，正文字号则要大一些，中文字号要小一些，英文字号则要略大一些。（　　）

2. 一般来讲，菜单一页纸上的文字与空白应各占 50% 为佳。（　　）

3. 餐厅的营业时间常列在菜单封面或封底，提醒顾客注意餐厅的供餐时间。（　　）

4. 宵夜菜点每份菜品的分量不宜太小，价格也不宜太低，菜品以开胃、补水、易消化、多营养为佳。（　　）

5. 在中式宴席中，热菜通常造型美观、形态各异，作为“前奏曲”来吸引顾客。（　　）

6. 汤菜是宴席的“尾声”。（　　）

7. 恰当的菜单材料不仅能很好地反映菜单的外观质量，同时也能给顾客留下较好的第一印象。（　　）

8. 旅游团队套餐菜单中应尽量安排一些具有当地地方特色的菜品或本企业的特色菜，满足游客的心理需求，同时可以宣传企业。（　　）

9. 快餐的优势体现在制作快捷。（　　）

10. 一般来讲，自助式火锅菜品的种类要丰富，让顾客有较大的选择余地，至少要有 40 ~ 60 个品种。（　　）

三、选择题（将正确答案的字母填在括号内）

1. 菜单封面设计必须适合餐厅的经营风格，如果与餐厅经营风格不统一，客人点菜时就会觉得不伦不类，所以应注重封面的（　　）和封面的色彩。

A. 风格　　B. 图案　　C. 装饰　　D. 精致

2. 正确选择菜单的材料，不仅关系到菜单设计质量的优劣，而且关系到餐厅的档次和成本控制。餐饮企业使用的菜单有一次性菜单和（　　）两种。

A. 板式菜单　　B. 本式菜单

C. 反复使用的菜单　　D. 重复性菜单

3. 菜品名称和价格会直接影响顾客的选择，顾客往往会根据菜品名称和价格挑选未曾尝试过的菜。餐饮企业在制作菜单时要做到菜品名称真实、（　　）真实、保证供应。

A. 图案　　B. 菜品　　C. 价格　　D. 颜色

4. 菜品介绍包括以下内容：主料、配料以及一些独特的调料，要注明规格、（　　）；菜品独特的烹调和服务方法。

A. 味道　　B. 用量　　C. 用法　　D. 名称

5. 餐饮企业在制作菜单时，应该提供一些充分并且必要的信息，传达给顾客，使其明了。这些信息包括餐厅的名称、地址、电话号码、（　　）、服务费等。

A. 经理姓名　　B. 企业性质　　C. 经营面积　　D. 营业时间

6. 中式正餐零点菜单中的冷菜一般安排（　　）种。冷菜在一组菜点中最先被推出，会较早受到顾客的评判，并会影响到顾客对餐厅菜品的整体评价。

A. 14 ～ 16　　B. 15 ～ 18　　C. 15 ～ 20　　D. 10 ～ 20

7. 随着人们养生保健意识的增强，蔬菜受到了越来越多顾客的喜欢，因此，中式正餐零点菜单中蔬菜类的菜品可安排 10~15 种。选取有机蔬菜、(　　) 制作菜品已成为当今餐饮的时尚。

A. 种植蔬菜　　B. 野生蔬菜　　C. 特殊蔬菜　　D. 养生蔬菜

8. 根据所接待的对象和人数不同，套餐菜单可分为普通套餐菜单和 (　　) 套餐菜单。

A. 团体　　B. 零点　　C. 宴会　　D. 特色

四、名词解释

1. 一次性菜单

2. 中式正餐零点菜单

3. 套餐菜单

4. 中式宴席菜单

五、简答题

1. 设计早餐套餐菜单时需要注意什么问题？

2. 自选式快餐菜单的设计方法有哪几种？

3. 简述中式宴席菜单的设计步骤。

六、综合题

设计早餐套餐菜单时应注意哪些问题? 试根据早餐套餐菜单的要求设计一份 3 人份、每人 30 元标准的中式早餐套餐菜单。